Analyse de l'œuvre

Par Youri Panneel et Célia Ramain

Harry Potter et le Prisonnier d'Azkaban

de J. K. Rowling

lePetitLittéraire.fr

Rendez-vous sur lepetitlitteraire.fr et découvrez :

Plus de 1200 analyses
Claires et synthétiques
Téléchargeables en 30 secondes
À imprimer chez soi

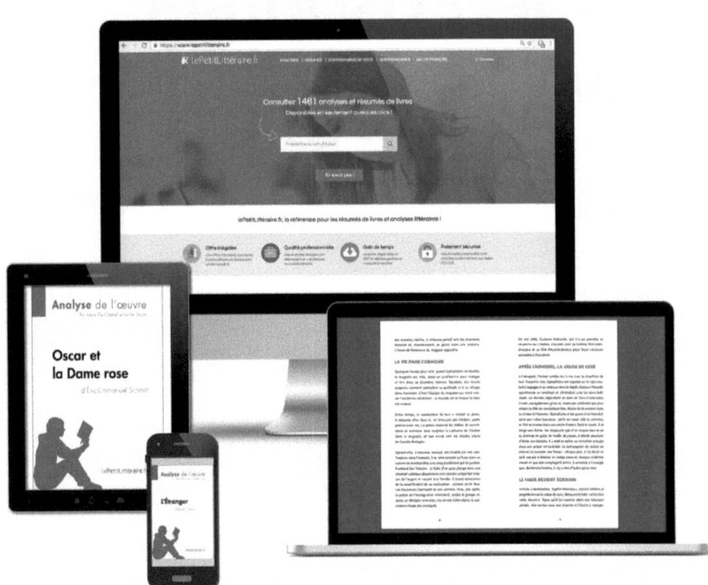

J. K. ROWLING

ROMANCIÈRE ANGLAISE

- **Née en 1965 en Angleterre**
- **Quelques-unes de ses œuvres :**
  - *Harry Potter et la Chambre des Secrets* (1998), second tome de la saga
  - *Harry Potter et les Reliques de la Mort* (2007), dernier tome de la saga
  - *Une place à prendre* (2012), roman

Joanne Rowling est une romancière britannique. Ancienne professeure de français, elle est l'une des auteures les plus connues du monde grâce à sa célèbre série de livres relatant les aventures de Harry Potter. Désormais à la tête d'une immense fortune, elle est active dans le domaine humanitaire, notamment dans la défense des enfants maltraités.

Elle a écrit quelques autres livres liés à l'univers de Harry Potter, dont les profits ont été reversés à des œuvres caritatives. Hormis les ouvrages liés à sa série phare, elle est l'auteure, entre autres, d'*Une place à prendre*, roman publié en 2012.

HARRY POTTER ET LE PRISONNIER D'AZKABAN

UN ROMAN DE FANTASY

- **Genre :** roman de fantasy
- **Édition de référence :** *Harry Potter et le Prisonnier d'Azkaban*, traduit par Jean-François Ménard, Paris, Gallimard Jeunesse, coll. « Folio Junior », 1999, 476 p.
- **1ʳᵉ édition :** 1999
- **Thématiques :** destin, évasion, métamorphose, apparence, magie, courage, amitié, quête des origines

Harry Potter et le Prisonnier d'Azkaban a été publié pour la première fois en version originale en 1999 en Grande-Bretagne. Troisième épisode de la saga, c'est aussi celui que l'auteure a écrit le plus vite. À cette époque, la série connait déjà un grand succès dans le monde.

Ce tome introduit le thème du destin dans la saga et se base sur la défense de deux valeurs principales : le courage et l'amitié. Enfin, il sert de déclencheur aux évènements du tome suivant puisque Harry Potter y rencontre plusieurs personnages qui recroiseront sa route dans la suite de ses aventures.

RÉSUMÉ

SIRIUS BLACK

Chez les Dursley, un hibou apporte à Harry sa lettre pour la rentrée scolaire de Poudlard et une autorisation à faire signer pour se rendre à Pré-au-Lard, l'unique village d'Angleterre dont les habitants sont tous des sorciers. À la télévision, une annonce spéciale révèle qu'un dangereux assassin, Sirius Black, s'est évadé de prison. Harry apprendra plus tard que Black est un sorcier qui a été condamné à Azkaban, la prison des sorciers, pour avoir assassiné treize personnes d'un coup après la disparition de Voldemort.

Harry est toujours malmené par sa famille et les choses ne s'arrangent guère lorsque tante Marge arrive pour un séjour de quelques jours. Celle-ci persécute tant le jeune sorcier qu'il lui jette un sort avant de s'enfuir. Il passe quelques semaines précédant la rentrée à Londres, sur le chemin de Traverse. Quand il y rencontre Hermione et Ron, ce dernier lui apprend que son rat, Croûtard, est malade. De son côté, Hermione décide d'acheter un chat prénommé Pattenrond. L'animosité entre les deux animaux ne trouble pas leurs propriétaires, qui ne se doutent pas de leur identité réelle.

Dans le train vers Poudlard, Harry rencontre le nouveau professeur de défense contre les forces du mal, Remus Lupin. En cours de route, le train s'arrête et les lumières s'éteignent. Un Détraqueur, gardien de la prison d'Azkaban pénètre dans les wagons à la recherche de Black. Cette créature détestable se nourrit du bonheur des gens ; Lupin parvient à la faire fuir. À l'arrivée à Poudlard, Hermione s'entretient en privé avec McGonagall.

Alors que les cours viennent tout juste de débuter, des évènements troublants se produisent. Durant la première leçon de divination du professeure Trelawney, celle-ci affirme à Harry que la mort le guette. Lors d'une leçon de soins aux créatures magiques données par Hagrid, Malefoy est blessé par un hippogriffe nommé Buck, une créature moitié aigle moitié cheval. Suite à cette attaque, un procès a lieu que Hagrid perd. La sentence tombe : Buck est condamné à mort. Enfin, lors du premier cours de défense contre les forces du mal, Lupin empêche Harry d'affronter un épouvantard, une créature prenant l'apparence de la plus grande peur de celui qui l'affronte. Devant le professeur, l'épouvantard se transforme en sphère argentée.

LA CARTE DU MARAUDEUR

Le soir d'Halloween, la gardienne de la porte de la tour Gryffondor se fait attaquer par Black. Le château est fouillé, mais le fugitif reste introuvable. Peu après, le professeur Lupin tombe malade et est remplacé par Rogue. Il donne un cours sur les loups-garous, qui s'avèrera riche en informations pour la suite et qui met la puce à l'oreille d'Hermione quant à l'origine de la maladie de Lupin.

Lors du premier match de Quidditch, des Détraqueurs montent sur le terrain, et Harry perd connaissance. Son balai se fracasse contre le saule cogneur. Peu de temps après, il reçoit un nouveau balai d'un anonyme, mais McGonagall le lui confisque car elle craint que Black ne l'ait ensorcelé. Après examen, le balai se révèle pourtant inoffensif. D'autre part, Harry apprend par Lupin que l'arbre a été planté l'année de son admission. Le professeur lui enseigne un sort capable de repousser les Détraqueurs : le patronus. L'invocation est très difficile à réaliser, mais Harry s'entraine avec Lupin et parvient à la maitriser.

Fred et George, les frères de Ron, confient à Harry la carte du Maraudeur qui dévoile tous les recoins de l'école, mais aussi l'emplacement de chaque personne qui se trouve dans le bâtiment. Harry, qui n'a pas reçu l'autorisation pour Pré-au-lard, décide de s'y rendre par un passage secret. Là, il apprend que Black et ses parents étaient amis et que le fugitif aurait tué un autre de leurs amis, Peter Pettigrow. Par la suite, Harry se rend plusieurs fois à Pré-au-Lard, mais il est découvert par Lupin et se fait confisquer la carte. Enfin, il découvre que James et Rogue étaient ennemis.

Ron, à la recherche de son rat, retrouve du sang sur son lit. Selon lui, Pattenrond a dévoré Croûtard. Le chat se comporte d'ailleurs bizarrement : Harry le voit discuter avec un grand chien noir.

La fin d'année arrive. Alors que Harry passe son examen de divination, Trelawney entre en transe et lui prédit que Voldemort sera rejoint le soir même par un de ses serviteurs.

PETER PETTIGROW

Ce soir-là a lieu l'exécution de Buck. En revenant de chez Hagrid, où Ron vient de trouver Croûtard, le rat s'échappe. Ron le rattrape, mais se fait enlever par un grand chien noir qui l'entraine sous le saule cogneur. Harry et Hermione se portent à son secours. Lorsqu'ils le rejoignent, ils apprennent que le chien est en fait Black. Ils le maitrisent, mais Lupin, arrivé peu après, le libère.

Le professeur se révèle être à la fois un loup-garou et un ami d'enfance de Black, de James et de Peter Pettigrow. Ce dernier se cachait lui-même sous les traits de Croûtard. Enfants, Black, Pettigrow et James sont devenus animagi (des sorciers qui se transforment en animaux) pour accompagner Lupin quand il se transformait en loup-garou. À la fin du récit de Black, Rogue entre dans la pièce. Celui-ci veut livrer Black aux Détraqueurs, mais il est assommé par les enfants. Black leur explique que Pettigrow s'est tranché un doigt pour faire croire à sa propre mort et le faire accuser d'assassinat. C'est également lui qui a révélé à Voldemort comment débusquer les parents de Harry. Lupin et Black décident alors de transformer Croûtard en homme. La main mutilée de Pettigrow prouve les dires de Sirius.

Sur le chemin de retour vers le château, Lupin, qui n'a pas pris sa potion pour éviter de se transformer en loup-garou ce soir-là, se métamorphose. Black protège les enfants, mais Pettigrow parvient à s'échapper. Les Détraqueurs attaquent Black, Harry et Hermione, mais ils fuient devant un patronus surgi de nulle part. Tous trois s'évanouissent, et Rogue profite de l'occasion pour livrer Black à la justice.

Les enfants avertissent Dumbledore qui leur suggère de remonter le temps grâce au retourneur de temps donné à Hermionne par McGonagall en début d'année et de délivrer Buck et Black. Harry produit alors le patronus qui avait fait fuir les Détraqueurs : Buck et Black s'échappent. Lupin, contraint de démissionner de son poste, rend à Harry la carte du Maraudeur. L'année scolaire se termine.

ÉTUDE DES PERSONNAGES

HARRY POTTER

Toujours aussi courageux et humble, Harry montre cependant des faiblesses dans ce troisième tome. Dans le chapitre III, il est préoccupé par ses moyens de subsistance et il ressent également de la peur face à la créature qu'il distingue dans le noir. Mais c'est surtout face aux Détraqueurs que sa faiblesse se marque le plus : il est davantage affecté que quiconque par ces créatures.

Cette faiblesse ne nuit pas au personnage, au contraire : d'une part, elle le rend plus humain, d'autre part, elle confirme son statut de héros puisque Harry fait le choix de combattre sa faiblesse en apprenant à se défendre contre les Détraqueurs. À plusieurs reprises, il se laisse aussi submerger par ses émotions, notamment par la colère, qu'il exprime vis-à-vis de Rogue (p. 305), puis vis-à-vis de Lupin (p. 367 et 369). Il se montre aussi rancunier vis-à-vis de Hermione (chapitres XII-XIV). Le personnage de Harry devient ainsi plus crédible ; il s'étoffe et ne se cantonne pas à la figure d'un héros tout lisse.

HERMIONE GRANGER

Meilleure amie de Harry depuis la première année, Hermione Granger se distingue cette année de ses amis par un emploi du temps extrêmement chargé qui n'est pas sans intriguer Ron. Le lecteur apprendra plus tard que McGonagall lui a confiée un retourneur de temps.

Mais son emploi du temps n'est pas le seul élément qui suscite l'incompréhension chez Ron. Ces deux-là seront en froid à deux reprises : concernant l'implication de Pattenrond dans la disparition de Croûtard et concernant la confiscation, par mesure de sécurité, du flambant neuf Éclair de Feu. Mais une profonde amitié caractérise le trio, et c'est unis qu'ils tentent de mettre au point un plan pour sauver Buck de son jugement.

À fleur de peau, effet du retourneur de temps, Hermione se montre beaucoup plus vindicative avec les personnes pour qui elle a de l'animosité. Le professeure Trelawney et Malefoy, qu'elle n'hésite pas à gifler, en sont les victimes dans le chapitre XV. Cette nouvelle facette de la personnalité de Hermione n'est pas sans étonner ses amis, d'autant plus que Hermione a toujours été très respectueuse avec les enseignants.

Il est intéressant de noter que la critique la plus acerbe de la seule magie connue des Moldus, la divination, vient d'une « née-Moldu ». Son intelligence et son sang-froid contribuent à sauver Sirius et Buck.

RON WEASLEY

Meilleur ami de Harry depuis la première année, Ron est peut-être le plus loyal du trio. Malheureusement dans ce tome, cette loyauté est mal placée. Sa loyauté envers son rat, présent dans sa famille depuis 13 ans l'amène à avoir un sérieux conflit avec une Hermione surmenée. En croyant à la mort de Croûtard soi-disant dévoré par le chat d'Hermione, Ron est dupé par la fourberie de Croûtard/Queudver, de la même façon que la communauté des sorciers l'a été lors de son premier massacre.

D'une certaine façon, Ron représente la communauté des sorciers. Mais contrairement à elle, Ron est capable de reconnaitre ses erreurs et reviendra à une loyauté mieux placée en aidant Hermione à sauver Buck et ses deux meilleurs amis dans la quête de vérité autour de Black, même s'il est absent de son sauvetage et de celui de Buck.

REMUS LUPIN

Nouveau professeur de défense contre les forces du mal, Remus Lupin est décrit d'emblée comme un homme à la santé fragile, pauvre comme Job, mais d'une grande compétence : dans le Poudlard Express, il défend les enfants contre un Détraqueur.

Sa santé défaillante s'explique par le fait qu'il est un loup-garou et qu'il se transforme à chaque pleine lune. Tout comme Rogue porte un nom qui reflète son aspect physique, il en va de même pour Lupin : Remus fait référence au nom du frère de Romulus, fondateur de Rome, qui fut nourri par une louve. Quant à « Lupin », ce nom n'a rien à voir avec la fleur, mais bien avec la racine latine *lupus* signifiant « loup ».

SIRIUS BLACK

Désigné sous la périphrase « le prisonnier d'Azkaban », Sirius Black représente la principale menace planant au-dessus de la tête de Harry cette année. Le jeune garçon en entend parler pour la première fois dans le monde des Moldus dans un journal télévisé. L'oncle Vernon, au vu de sa tignasse, émet un rapprochement implicite et dédaigneux avec Harry. Mais c'est en réalité dans le Magicobus que Harry prend conscience de sa dangerosité.

Outre ce nom de famille « Black » (« Noir ») hautement symbolique, son apparence physique contribue à l'effroi que provoque le personnage : les yeux sombres, le visage décharné, les joues cireuses, faisant penser à un vampire. Black est un être à la psychologie ambigüe. D'abord perçu comme un fou furieux voulant retrouver Harry, il n'hésite pas à jouer de son ingéniosité lorsqu'il rentre à deux reprises dans un Poudlard surveillé et à faire preuve de sa violence : « Des morceaux entiers du tableau avaient été arrachés » (p. 175)

Mais cette folie sera démentie par le ministre de la Magie, une des rares personnes à l'avoir vu, qui le décrit comme étrangement normal. C'est au cours de cette discussion que Harry apprend que Black était un ami très proche de son père, qu'il est son parrain et surtout que c'est lui qui a pro-voqué la mort de ses parents, faisant de lui la figure ultime du traitre. Au chapitre IXX, les révélations s'enchainent : Black est un animagus, comme l'était le père d'Harry, et comme l'est Pettigrow, le véritable coupable du meurtre des parents de Harry.

PETER PETTIGROW/CROÛTARD

Pettigrow et Croûtard forment un seul et même person-nage. Dans les précédents tomes, le rat semblait dépourvu de tout intérêt et de tout pouvoir magique. La santé du rat, gras et ennuyeux, se détériore fortement au cours de l'année.

Pettigrow est décrit par les professeurs comme un élève médiocre, aimant la protection des plus forts. Lorsqu'il redevient humain, il est décrit comme ayant un faciès de rat. Face aux accusations de ses anciens amis, il fait preuve de lâcheté. Tout comme Black, c'est un animagus.

Les liens qui unissaient Black, Lupin, Pettigrow et James Potter du temps où ils étaient à Poudlard sont similaires à ceux qui unissent Harry, Ron et Hermione : l'amitié. Plus que jamais, c'est une des valeurs fondamentales qui traverse toute la saga, au point qu'elle vaut la peine que l'on meure pour elle (Pettigrow : « [Voldemort] m'aurait tué ! » Black : « ALORS TU AURAIS DÛ MOURIR PLUTÔT QUE TRAHIR TES AMIS, MOURIR COMME NOUS SERIONS MORTS POUR TOI S'IL L'AVAIT FALLU ! », p. 400).

SEVERUS ROGUE

Le professeur de potions, fidèle à lui-même, se comporte de façon toujours plus détestable vis-à-vis de Harry. Il éprouve également de la haine à l'égard de Black et de Lupin : il tente de livrer le premier aux Détraqueurs et ruine la carrière du second.

Sa relation avec Harry est également éclairée : c'est la ressemblance entre Harry et son père, avec lequel Rogue entretenait des relations conflictuelles, qui motive le professeur à traiter son élève avec injustice. Rogue, comme Black, est soumis à son désir de vengeance, mais on commence à comprendre les raisons qui sous-tendent son inimitié pour Harry. Ajoutons qu'en dépit de la méfiance et du mépris qu'il porte à Lupin, Rogue lui prépare sa potion Tue-loup, signe qu'il est capable de mettre son ressentiment de côté. Le personnage gagne donc en complexité.

SYBILLE TRELAWNEY

Professeure de divination, Trelawney est grande et mince, et porte de grandes lunettes qui lui mangent le visage. Elle soigne son look de « madame Irma » à grand renfort de voiles et de parfum entêtant. Aux yeux de Harry, Ron et Hermione, elle n'est qu'une mystificatrice, jusqu'à ce qu'elle fasse une véritable prédiction à Harry durant son examen à la fin de l'année, d'autant plus étonnante qu'elle affirme ne pas croire elle-même à ce qu'elle vient de proférer. Lorsque Harry confie la prédiction à Dumbledore, celui-ci ne la met pas en doute. Il ajoute même que ce serait la seconde à s'avérer exacte, sans rien préciser d'autre.

Trelawney incarne l'irrationnel et la superstition dans ce tome. Et pourtant, la prédiction qu'elle fait à Harry se révèle juste. Pour la première fois dans la série, le thème du destin fait son apparition : il n'est plus question de poser un choix face à un dilemme car les astres semblent avoir prévu d'avance certains évènements. Ajoutons toutefois que, comme toute prédiction, celle faite par Trelawney est vague et qu'elle n'influence pas les choix que pose Harry : d'une part celui-ci la subit, d'autre part, elle n'est en rien contraignante ou conditionnelle.

VOLDEMORT

Dans ce troisième tome, Voldemort est complètement absent en tant que personnage actif. On l'évoque, bien sûr, mais il n'influe en rien sur les évènements. C'est le seul livre de la série où Celui-Dont-On-Ne-Doit-Pas-Prononcer-Le-Nom n'intervient pas directement.

CLÉS DE LECTURE

SCHÉMA ACTANCIEL

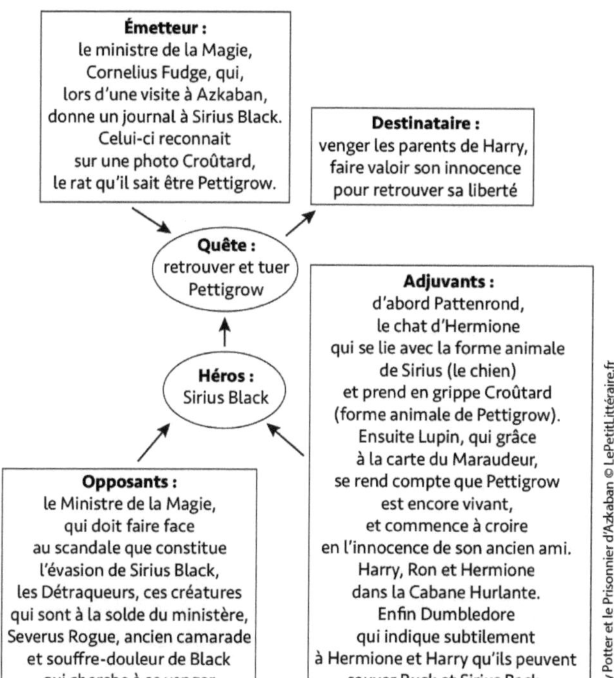

Remarque : quoique toute l'histoire se déroule du point de vue de Harry, celui-ci n'en est pas le héros, car il n'accomplit aucune quête. En effet, il ne cherche ni à obtenir quelque chose, ni même à retrouver Black.

SCHÉMA NARRATIF

- **La situation initiale :** comme son nom l'indique, elle constitue le début de l'histoire. Elle introduit le ou les personnages principaux et donne les éléments de base de l'histoire. Elle correspond également à une phase stable : elle dépeint une situation qui contient une certaine routine.

Dans *Harry Potter et le Prisonnier d'Azkaban*, elle est inexistante ou, du moins, on n'en parle pas dans le premier chapitre puisqu'on ne l'apprend que beaucoup plus tard dans le livre : il s'agit de la détention de Black à la prison d'Azkaban.

Du point de vue de Harry et donc du lecteur, on a l'illusion que la situation initiale dure à peu près pendant tout le premier chapitre. Harry passe ses vacances tranquillement chez son oncle et sa tante en faisant ses devoirs. Pourtant, les évènements sont déjà en marche ; il ne s'agit donc pas de la situation initiale.

- **L'élément perturbateur :** c'est ce qui vient rompre la stabilité de l'étape précédente. C'est le véritable déclencheur de l'histoire, sans lequel rien n'arriverait.

Il a eu lieu avant les évènements du premier chapitre, mais il n'a encore eu aucune conséquence sur l'histoire du point de vue de Harry : il s'agit du début de la quête de Black, déclenchée par la lecture du journal apporté par Fudge dans sa cellule. Dès ce moment-là, les évènements sont en marche : Black est déjà sur la trace de Pettigrow alors que Harry fait encore ses devoirs chez son oncle et sa tante, bien que le jeune sorcier, et donc le lecteur, n'en sachent rien.

Du point de vue de Harry, la routine est rompue avec l'arrivée de la tante Marge, qui lui fait quitter la maison de Privet Drive. Mais il s'agit d'un faux élément perturbateur qui ne provoque en rien les éléments qui émailleront l'année scolaire de Harry.

- **Péripéties :** ce sont les différents évènements qui surviennent durant l'histoire. Ils découlent tous de l'élément perturbateur et entrainent la ou les actions entreprises par le héros pour résoudre le problème.

Les péripéties en tant que telles sont peu nombreuses : il s'agit de l'intrusion de Black à Poudlard durant la soirée de d'Halloween, de la pseudo mort de Croûtard, de la pseudo tentative d'assassinat sur Ron, de la découverte de Croûtard chez Hagrid, des évènements se déroulant dans la Cabane hurlante, et du sauvetage de Buck et de Sirius. Les autres évènements qui surviennent durant l'année ne sont pas à proprement parler des péripéties puisqu'ils ne découlent pas de l'élément perturbateur.

- **Dénouement :** C'est ce qui met un terme aux péripéties avant une nouvelle phase de stabilisation de l'histoire.

Il s'agit de l'annonce à Harry de la démission de Lupin de son poste de professeur de défense contre les forces du mal. Cela constitue la dernière conséquence de l'élément déclencheur de l'histoire et de la quête menée par Black.

- **Situation finale :** il s'agit du résultat, de la fin de l'histoire.

Il n'y a plus de nouvelle péripétie. L'histoire redevient stable. Parfois, cette phase peut s'avérer très courte dans un livre ; l'auteur ne s'étend généralement pas sur celle-ci car, justement, il n'y a pas grand-chose à dire et le lecteur peut aisément se l'imaginer.

Ici, elle s'étend sur à peine quelques pages. Elle consiste essentiellement en la discussion qu'a Harry avec Dumbledore. Ensuite, le retour chez les Dursley et les vacances qui s'annoncent.

LE GENRE DE LA FANTASY

Harry Potter et le Prisonnier d'Azkaban appartient au genre de la fantasy. Ce genre littéraire est relativement neuf : les premières œuvres que l'on range dans cette catégorie datent de la fin du XIXe siècle. De ce fait, ce genre est encore mal défini et assez varié : il contient de nombreux sous-genres et se détermine par opposition à d'autres genres. Un des romans phares de la fantasy est *Le Seigneur des Anneaux* de J.R.R. Tolkien (1892-1973).

La fantasy se caractérise par :

- **un univers fondamentalement différent du monde réel**, parfois en lien avec celui-ci. Dans *Harry Potter et le Prisonnier d'Azkaban*, Harry pénètre dans le monde des sorciers, qui a ses propres règles, par l'intermédiaire du Magicobus ;
- **la présence d'une forme de magie**. Les personnages, tous ou seulement certains, sont dotés de pouvoirs, sinon magiques, du moins spéciaux. Dans *Harry Potter et le*

Prisonnier d'Azkaban, la plupart des personnages ont des pouvoirs magiques plus ou moins grands ;

- **la coexistence de différentes races** (elfes, orques, nains, etc.) **et/ou de créatures mythologiques** (dragons, chimères, centaures, etc.). Dans *Harry Potter et le Prisonnier d'Azkaban*, on croise des sorciers, des humains et des hippogriffes, créatures mythologiques issues du croisement d'un griffon et d'une jument. Mais ce n'est pas une excentrique création de Rowling puisque cet animal est présent dans la littérature européenne depuis plus deux-mille ans ;
- **la référence régulière à un socle mythologique**. La fantasy puise dans la mythologie gréco-romaine, germanique, nordique et orientale, mais aussi dans la tradition populaire, voire folklorique. Dans *Harry Potter et le Prisonnier d'Azkaban*, Rowling emprunte à la tradition populaire la figure du loup-garou.

La fantasy ressemble par certains aspects à d'autres genres littéraires. Pourtant, elle s'en différencie par l'absence de certaines caractéristiques :

- la fantasy se démarque du conte de fées par une absence de structure systématique et de tradition orale. Elle ne comprend pas forcément de morale ou, si elle en propose une, ce n'est pas son objectif premier, au contraire du conte de fées ;
- la fantasy se différencie également du fantastique par le fait que les éléments surnaturels qui apparaissent dans le récit ne suscitent aucune hésitation de la part des différents protagonistes et du lecteur quant à leur existence.

En conclusion, on peut dire que la fantasy est dotée de caractéristiques propres, mais qu'elle se situe à l'intersection entre le fantastique et le merveilleux.

LA QUÊTE DE LA FIGURE PATERNELLE

Harry Potter et le Prisonnier d'Azkaban est le premier tome de la saga qui non seulement place Voldemort en retrait, mais donne surtout une importante place à la découverte de l'histoire familiale du jeune héros. Harry découvre de deux façons la figure du père, la première est explicite et l'autre plus subtile et non consciente.

C'est d'abord par le biais des Détraqueurs, ces êtres abjects qui font revivre à Harry de façon très violente l'assassinat de ses parents, qu'il découvre leurs voix. Les Détraqueurs font donc office d'électrochocs, et Harry est le spectateur impuissant de sa propre tragédie, qui, non sans un certain masochisme, attend presque la confrontation avec les Détraqueurs pour entendre à nouveau leurs voix (p. 265) Mais la quête paternelle se fait aussi grâce aux souvenirs des anciens comparses du père de Harry : Remus Lupin, Severus Rogue et enfin Sirius Black. Il est intéressant de noter que l'image du père est en double teinte. D'un côté, Remus Lupin, le mentor bienveillant, apprend à Harry que lui et son père étaient amis (p. 260). De l'autre Severus Rogue écorne sérieusement l'image d'Épinal que Harry avait de son père : « Votre vénéré père et ses amis m'ont fait une farce désopilante qui aurait pu avoir ma mort pour conséquence si votre père ne s'était pas ravisé au dernier moment. » (p. 306) Enfin, Sirius Black remarque chez Harry certains points communs avec son défunt ami : « Tu voles aussi bien que ton père Harry... » (p. 397)

Mais le jeune garçon découvre également la figure paternelle de façon détournée et non consciente. Jusqu'à présent le seul legs connu de son père était la cape d'invisibilité, qui lui avait été transmise par Dumbledore dans *Harry Potter et la Pierre philosophale*. Dans le chapitre X, les jumeaux Weasley lui font le cadeau de la carte du Maraudeur, une création de son père et de ses amis, comme on le découvrira dans le chapitre XVIII : « Et c'est ainsi que nous avons pu établir la carte du Maraudeur en la signant de nos surnoms. » (p. 378) La présence du père de Harry se manifeste également par la forme très particulière que prend le patronus de Harry, à savoir un cerf, l'animal en lequel se transformait James : « Ton père vit en toi, Harry, et il se montre davantage lorsque tu as besoin de lui. Sinon, comment aurais-tu pu créer ce Patronus en particulier ? » (p. 454)

Mais à défaut d'une réelle présence de son père, Harry reconnait en Sirius un père de substitution.

LES PRÉMICES D'UNE CRITIQUE DE LA JUSTICE

Le monde des sorciers n'est pas sans défaut d'ordre social. J. K. Rowling amorce avec ce tome de la saga une critique explicite du système judiciaire. La justice des sorciers en plus d'être expéditive se révèle aisément corruptible.

Une justice expéditive

Quelle valeur accorder en effet à une justice qui n'a aucun complexe à torturer psychologiquement ses prisonniers et à les priver de toute forme d'espoir (sort pire que la mort) ?

Lupin à travers l'emploi d'un seul adjectif, « ultime », résume la barbarie de cette (con)damnation : « Le ministère a donné l'autorisation aux Détraqueurs de lui infliger cet ultime châtiment si on le retrouve. » (p. 267) Le fait même que les gardiens d'Azkaban ne soient pas humains est allégorique de ce manque d'empathie et d'éthique. D'ailleurs, le terme « Azkaban » n'a pas été choisi au hasard. Il est né du mix entre « Alcatraz », ancienne prison fédérale américaine de haute sécurité, et le terme hébraïque « *Abbadon* » signifiant « profondeurs de l'enfer ».

Une justice aisément corruptible

Outre ce côté expéditif, la justice est bien loin d'être indépendante. C'est en effet la corruption qui semble régner. Le cas le plus évident est celui de Lucius Malefoy qui influe d'une façon évidente au sein de la commission devant décider du sort réservé à Buck l'hippogriffe (p. 313). Mais il n'est pas le seul à se servir de la justice. Le ministère de la Justice, Fudge, n'hésite pas à l'utiliser pour sauver sa réputation politique : « Inutile de vous dire que j'attends avec impatience de pouvoir l'annoncer à La *Gazette du Sorcier* que nous l'avons enfin capturé. » (p. 442)

À contrario, Harry se pose en défenseur d'une certaine justice en empêchant Lupin et Black de tuer le traitre Pettigrow.

UN VOCABULAIRE IMAGÉ

La création d'un monde voisin du nôtre dans lequel la magie existe a amené l'auteure à concevoir un vocabulaire particulier. L'invention de nouveaux mots était nécessaire puisque J. K. Rowling devait rendre compte de concepts inexistants : ingrédients magiques entrant dans la composition des recettes, objets imaginaires, etc. Pour ce faire, elle a inventé un vocabulaire imagé contenant de nombreux jeux de mots ou des anagrammes (figure de style qui consiste à mélanger les lettres au sein d'un mot) afin que, à la simple lecture du nouveau terme, le lecteur puisse en deviner la signification, l'utilité, etc. Nous pouvons ainsi citer la « beuglante », un courrier magique transmettant des messages de colère, l'« oubliator », qui permet d'effacer la mémoire, etc.

Il en va de même pour de nombreux noms de personnages qui fournissent des indices sur le caractère et la personnalité de celui qui le porte, comme par exemple Severus Rogue ou Drago Malefoy. Pour toutes ces raisons, le choix du traducteur était crucial afin de ne pas perdre la richesse de l'écriture de J. K. Rowling. Jean-François Ménard (écrivain français et traducteur spécialisé dans les romans pour la jeunesse) a ainsi eu la lourde tâche de trouver des équivalents français aux nombreux termes imaginaires anglais. Il est, à cet égard, intéressant de noter que même si le travail de traduction de Jean-François Ménard est considérable, la francophonie de J. K. Rowling (ancienne enseignante de français) s'exprime à travers le choix de certains noms : Malefoy dont la première syllabe « Mal » représente bien le mode de vie de cette famille. Il en est de même avec « Voldemort » que l'on peut décomposer en « Vol de Mort ». Ainsi, les lecteurs francophones perçoivent d'emblée la dangerosité de la némésis de Harry.

UN SUCCÈS PLANÉTAIRE

Aujourd'hui, le succès remporté par la saga *Harry Potter* est indéniable, mais il n'a pas toujours été au rendez-vous. En effet, J. K. Rowling a dû essuyer de nombreux refus de la part d'éditeurs qui ne trouvaient aucune qualité à son texte. Persévérant tout de même, elle a fini par trouver, en 1997, une maison d'édition qui a accepté de publier son texte à un faible tirage grâce, semble-t-il, à la jeune fille de l'éditeur qui avait apprécié l'histoire.

Grâce au bouche-à-oreille, le roman devient très rapidement un succès et remporte quelques prix. Il est alors traduit en français par les éditions Gallimard qui y voient un futur bestseller. Aujourd'hui, il s'agit d'un des plus grands succès en librairie puisque la saga s'est vendue à plusieurs centaines de millions d'exemplaires.

Les raisons qui expliquent cet engouement sont multiples :

- il s'agit d'un roman d'apprentissage. Le jeune garçon et ses amis grandissent, évoluent et apprennent à maitriser la magie au fil des tomes. De la même façon, les premiers lecteurs qui découvraient souvent la série alors qu'ils avaient le même âge que les protagonistes, ont vieilli en même temps qu'eux, ce qui a certainement joué dans le phénomène d'identification qui est intervenu dans le succès de la saga ;

- les thématiques mises à l'honneur dans les romans sont très attractives. La magie permet à la fois de faire rêver et de mettre les protagonistes dans des situations exceptionnelles. De plus, les thèmes abordés sont en lien étroit avec la vie et les préoccupations des jeunes lecteurs ;
- les films ont bien évidemment participé à ce succès et ont permis d'incarner les différents personnages et d'offrir aux lecteurs une vision du monde magique. Une véritable communauté s'est alors créée sur Internet et a permis aux fans de se retrouver dans un espace privilégié. Le phénomène ne s'est pas limité à la jeunesse puisque de nombreux adultes ont également été charmés par les romans.

PISTES DE RÉFLEXION

QUELQUES QUESTIONS POUR APPROFONDIR SA RÉFLEXION...

- De *La Divine Comédie* de Dante (écrivain italien, 1265-1321) au personnage d'Iago dans Othello de Shakespeare (dramaturge anglais, 1564-1616), en passant par le personnage de Pettigrow, comment la littérature représente-t-elle le motif de la traitrise ?
- Peut-on affirmer que *Harry Potter et le prisonnier d'Azkaban* amène une réflexion philosophique sur les conséquences de nos actes ? Argumentez votre réponse en vous appuyant sur des extraits du livre.
- En quoi peut-on dire que l'évolution de Harry Potter correspond au concept du voyage du héros théorisé par James Campbell ?
- Détraqueurs dans *Harry Potter*, spectres dans *À la croisée des mondes* de Pullman : comment expliquer cette récurrence des figures de mangeurs d'âme dans la fantasy ?
- Pourquoi peut-on affirmer que le retourneur de temps n'est pas utilisé comme un simple deus ex machina ?
- Pourquoi peut-on affirmer que *Harry Potter et le Prisonnier d'Azkaban* tient autant du conte que du roman d'apprentissage ?
- *Harry Potter et le Prisonnier d'Azkaban* est souvent perçu comme un roman tragicomique. Quels sont les principaux ressorts comiques de l'œuvre ?
- Quelle est la part accordée au folklore populaire, médiéval et même antique dans le roman ?
- Selon vous, pourquoi *Harry Potter et le Prisonnier d'Azka-*

ban n'est pas forcément à considérer comme un livre pour enfants ?

- Quels sont selon vous les éléments qui annoncent le prochain tome ?

Votre avis nous intéresse !
Laissez un commentaire sur le site de votre librairie en ligne
et partagez vos coups de cœur sur les réseaux sociaux !

POUR ALLER PLUS LOIN

ÉDITION DE RÉFÉRENCE

- Rowling J. K., *Harry Potter et le Prisonnier d'Azkaban*, Paris, Gallimard Jeunesse, coll. « Folio Junior », 1999.

ÉTUDE DE RÉFÉRENCE

- « Azkaban », in *Pottermore*, consulté le 14 octobre 2016. https://www.pottermore.com/writing-by-jk-rowling/azkaban

ADAPTATION

- *Harry Potter et le Prisonnier d'Azkaban*, film d'Alfonso Cuarón, avec Daniel Radcliffe dans le rôle de Harry Potter, Rupert Grint dans le rôle de Ron Weasley et Emma Watson dans le rôle de Hermione Granger, Royaume-Uni, États-Unis, 2004.

SUR LEPETITLITTÉRAIRE.FR

- Fiche de lecture sur *Harry Potter à l'école des sorciers* de J. K. Rowling.
- Fiche de lecture sur *Harry Potter et la Chambre des secrets* de J. K. Rowling.
- Fiche de lecture sur Harry *Potter et la Coupe de feu* de J. K. Rowling.
- Questionnaire de lecture sur *Harry Potter à l'école des sorciers* de J. K. Rowling.

Retrouvez notre offre complète sur lePetitLittéraire.fr

- des fiches de lectures
- des commentaires littéraires
- des questionnaires de lecture
- des résumés

ANOUILH
- Antigone

AUSTEN
- Orgueil et Préjugés

BALZAC
- Eugénie Grandet
- Le Père Goriot
- Illusions perdues

BARJAVEL
- La Nuit des temps

BEAUMARCHAIS
- Le Mariage de Figaro

BECKETT
- En attendant Godot

BRETON
- Nadja

CAMUS
- La Peste
- Les Justes
- L'Étranger

CARRÈRE
- Limonov

CÉLINE
- Voyage au bout de la nuit

CERVANTÈS
- Don Quichotte de la Manche

CHATEAUBRIAND
- Mémoires d'outre-tombe

CHODERLOS DE LACLOS
- Les Liaisons dangereuses

CHRÉTIEN DE TROYES
- Yvain ou le Chevalier au lion

CHRISTIE
- Dix Petits Nègres

CLAUDEL
- La Petite Fille de Monsieur Linh
- Le Rapport de Brodeck

COELHO
- L'Alchimiste

CONAN DOYLE
- Le Chien des Baskerville

DAI SIJIE
- Balzac et la Petite Tailleuse chinoise

DE GAULLE
- Mémoires de guerre III. Le Salut. 1944-1946

DE VIGAN
- No et moi

DICKER
- La Vérité sur l'affaire Harry Quebert

DIDEROT
- Supplément au Voyage de Bougainville

DUMAS
• Les Trois
  Mousquetaires

ÉNARD
• Parlez-leur
  de batailles,
  de rois et
  d'éléphants

FERRARI
• Le Sermon sur la
  chute de Rome

FLAUBERT
• Madame Bovary

FRANK
• Journal
  d'Anne Frank

FRED VARGAS
• Pars vite et
  reviens tard

GARY
• La Vie devant soi

GAUDÉ
• La Mort du
  roi Tsongor
• Le Soleil des
  Scorta

GAUTIER
• La Morte
  amoureuse
• Le Capitaine
  Fracasse

GAVALDA
• 35 kilos d'espoir

GIDE
• Les
  Faux-Monnayeurs

GIONO
• Le Grand
  Troupeau
• Le Hussard
  sur le toit

GIRAUDOUX
• La guerre de
  Troie
  n'aura pas lieu

GOLDING
• Sa Majesté des
  Mouches

GRIMBERT
• Un secret

HEMINGWAY
• Le Vieil Homme
  et la Mer

HESSEL
• Indignez-vous !

HOMÈRE
• L'Odyssée

HUGO
• Le Dernier Jour
  d'un condamné
• Les Misérables
• Notre-Dame
  de Paris

HUXLEY
• Le Meilleur
  des mondes

IONESCO
• Rhinocéros
• La Cantatrice
  chauve

JARY
• Ubu roi

JENNI
• L'Art français
  de la guerre

JOFFO
• Un sac de billes

KAFKA
• La Métamorphose

KEROUAC
• Sur la route

KESSEL
• Le Lion

LARSSON
• Millenium I. Les
  hommes qui
  n'aimaient pas
  les femmes

LE CLÉZIO
• Mondo

LEVI
• Si c'est un
  homme

LEVY
• Et si c'était vrai…

MAALOUF
• Léon l'Africain

MALRAUX
- La Condition humaine

MARIVAUX
- La Double Inconstance
- Le Jeu de l'amour et du hasard

MARTINEZ
- Du domaine des murmures

MAUPASSANT
- Boule de suif
- Le Horla
- Une vie

MAURIAC
- Le Nœud de vipères

MAURIAC
- Le Sagouin

MÉRIMÉE
- Tamango
- Colomba

MERLE
- La mort est mon métier

MOLIÈRE
- Le Misanthrope
- L'Avare
- Le Bourgeois gentilhomme

MONTAIGNE
- Essais

MORPURGO
- Le Roi Arthur

MUSSET
- Lorenzaccio

MUSSO
- Que serais-je sans toi ?

NOTHOMB
- Stupeur et Tremblements

ORWELL
- La Ferme des animaux
- 1984

PAGNOL
- La Gloire de mon père

PANCOL
- Les Yeux jaunes des crocodiles

PASCAL
- Pensées

PENNAC
- Au bonheur des ogres

POE
- La Chute de la maison Usher

PROUST
- Du côté de chez Swann

QUENEAU
- Zazie dans le métro

QUIGNARD
- Tous les matins du monde

RABELAIS
- Gargantua

RACINE
- Andromaque
- Britannicus
- Phèdre

ROUSSEAU
- Confessions

ROSTAND
- Cyrano de Bergerac

ROWLING
- Harry Potter à l'école des sorciers

SAINT-EXUPÉRY
- Le Petit Prince
- Vol de nuit

SARTRE
- Huis clos
- La Nausée
- Les Mouches

SCHLINK
- Le Liseur

SCHMITT
- La Part de l'autre
- Oscar et la
  Dame rose

SEPULVEDA
- Le Vieux qui
  lisait des romans
  d'amour

SHAKESPEARE
- Roméo et Juliette

SIMENON
- Le Chien jaune

STEEMAN
- L'Assassin
  habite au 21

STEINBECK
- Des souris et
  des hommes

STENDHAL
- Le Rouge et
  le Noir

STEVENSON
- L'Île au trésor

SÜSKIND
- Le Parfum

TOLSTOÏ
- Anna Karénine

TOURNIER
- Vendredi ou
  la Vie sauvage

TOUSSAINT
- Fuir

UHLMAN
- L'Ami retrouvé

VERNE
- Le Tour
  du monde
  en 80 jours
- Vingt mille
  lieues sous
  les mers
- Voyage au
  centre de
  la terre

VIAN
- L'Écume des jours

VOLTAIRE
- Candide

WELLS
- La Guerre des
  mondes

YOURCENAR
- Mémoires
  d'Hadrien

ZOLA
- Au bonheur
  des dames
- L'Assommoir
- Germinal

ZWEIG
- Le Joueur
  d'échecs

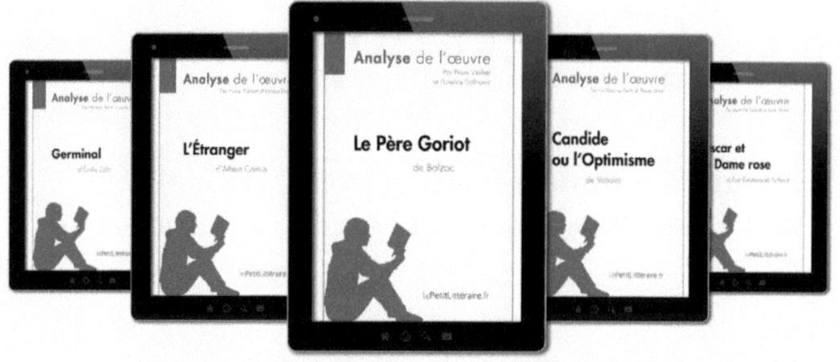

www.lepetitlitteraire.fr

ISBN version numérique : 978-2-8062-9034-2
ISBN version papier : 978-2-8062-9035-9
Dépôt légal : D/2016/12603/804

Avec la collaboration de Célia Ramain pour les analyses de Hermione Granger, Ron Weasley et de Sirius Black ainsi que pour les chapitres « La quête de la figure paternelle », « Les prémices d'une critique de la justice » et « Pistes de réflexion ».

Conception numérique : Primento, le partenaire numérique des éditeurs.

Ce titre a été réalisé avec le soutien de la Fédération Wallonie-Bruxelles, Service général des Lettres et du Livre.